FICHES BREVET

Français

TROISIÈME

Sylvie Dauvin
Agrégée de lettres classiques

Jacques Dauvin
Agrégé de lettres classiques

Professeurs au lycée international
de Saint-Germain-en-Laye

Hatier

Source texte (dépliant)
Primo Levi, traduction Martine Schruoffeneger © Éditions Julliard

Crédits iconographiques (dépliant)
Page 1 (recto) : © Mathieu de Muizon
Page 4 (recto) : © Mathieu de Muizon
Page 1 (verso) : © Musée d'Art Moderne / Roger-Viollet
Page 2 (verso) : © FineArtImages / Leemage © ADAGP, Paris 2012
Page 3 (verso) : © Nick Ut / AP / SIPA
Page 4 (verso) : © Musée National Fernand Léger, Biot, France / Giraudon / The Bridgeman Art Librar
Page 5 (verso) : © Pascal GELY Agence Bernand / CDDS
Page 6 (verso) : © Photo Josse / Leemage © Succession Picasso, Paris 2012
© RMN-GP / Béatrice Hatala © Succession Picasso, Paris, 2012

Coordination éditoriale : Claire Dupuis • Édition : Josiane Attucci-Jan
Conception maquette : Anne Gallet • Mise en pages : Nadine Aymard

© HATIER Paris – 2012 – ISBN 978-2-218-96237-0

SOMMAIRE

Cochez les fiches révisées.

L'examen

Les questions de vocabulaire

Les questions de grammaire

Les questions de conjugaison

Les questions d'analyse du texte

La réécriture et la dictée

La rédaction

Dépliant

QUELLES ÉPREUVES VOUS ATTENDENT ?

L'examen se divise en deux parties d'1h30 chacune.

Première partie

A Des questions de compréhension sur un texte

- de vocabulaire (sens des mots importants).
- de grammaire (structure des phrases, situation d'énonciation, temps verbaux…).
- de réécriture de phrases du texte, qui entraîne des modifications orthographiques ou grammaticales (transposition au pluriel, au passé…).

B Une dictée

Une courte dictée permet de vérifier que vous connaissez les règles de base (accords, conjugaison…) et que vous savez faire le lien entre l'orthographe d'un texte et son sens.

Deuxième partie : une rédaction

La rédaction prend appui sur le texte fourni pour la première partie.

A Les sujets

- Deux sujets sont proposés. L'un fait appel à l'imagination, l'autre exige une réflexion dans laquelle vous exposerez votre opinion sur un thème en relation avec ce texte. Dans les sujets sont précisés :
  - le thème ;
  - les formes de discours attendues : narration, description, argumentation… ;
  - la situation de communication (→ Fiche 32).
- Le dictionnaire est autorisé.

B L'évaluation

Vous serez évalué sur :
- la présentation ; la lisibilité ; l'orthographe ;
- la correction de votre expression (langue correcte) ;
- le respect des consignes sur les formes de discours et la situation d'énonciation ;
- l'intérêt de votre rédaction, la vivacité de votre imagination ou la force de votre argumentation.

2 COMMENT S'ORGANISER LE JOUR DE L'EXAMEN ?

A Les questions

• Avant de répondre aux questions, lisez plusieurs fois le texte pour bien le comprendre et posez-vous les questions suivantes :
– *Pour un récit :* Qui est le narrateur ? À qui s'adresse-t-il ? Quels sont les personnages ? Où et quand se passe l'action ?
– *Pour un texte d'idées :* Quel est le thème principal du texte ? Quelles sont les idées principales du texte ?

• Lisez toutes les questions et repérez :
– comment elles sont organisées autour des principaux intérêts du texte : elles vous feront mieux comprendre le texte ;
– leur progression : vous ne vous répéterez pas dans vos réponses.

• Au moment de rédiger vos réponses :
– suivez l'ordre des questions, indiquez le numéro des questions avant chaque réponse ;
– veillez à composer des phrases complètes ;
– soignez l'écriture, la présentation : allez à la ligne à chaque changement d'idée, mettez la ponctuation et les majuscules.

• Après avoir rédigé, relisez pour corriger et pour souligner les titres d'œuvre.

B La dictée

• Écoutez attentivement la première lecture du texte pour bien en comprendre le sens global : il vous indique souvent comment écrire certains mots.

• Pendant la dictée, soyez attentif aux groupes de mots et aux liaisons (elles vous indiquent la lettre finale à mettre au premier mot, ou l'absence de certaines lettres, souvent *s* ou *t*).

• Après la dictée, relisez attentivement et plusieurs fois :
– vérifiez les accords majeurs en faisant les flèches d'accord (→ Fiche 42) au crayon à papier (effacez-les ensuite) ;
– si vous avez un doute sur l'orthographe d'usage (vocabulaire), réfléchissez à la famille du mot qui peut vous aider (→ Fiche 4).

C La rédaction (→ Fiches 51 à 58)

LA FORMATION DES MOTS

Les questions types du brevet

- Quel est le radical du mot « ... » ?
- Quel est le sens du préfixe/suffixe dans le mot «...» ?
- Indiquez, dans le mot « ... », le préfixe, le radical et le suffixe.
- Indiquez la formation de ce mot, nommez ses composants.

Les notions que vous devez connaître

A Qu'est-ce que l'origine ou l'étymologie d'un mot ?

• Préciser l'origine ou l'étymologie d'un mot, c'est dire de quel mot il vient.

> *biologie* vient du mot grec *bios* (« vie ») ; *bowling* vient du mot anglais *bowl* (« boule »).

• Cela permet :
– d'expliquer un mot et de mieux en comprendre le sens ;
– de comprendre l'évolution de son sens.

B Qu'est-ce que donner la formation d'un mot ?

Donner la formation d'un mot, c'est décomposer le mot, c'est-à-dire séparer ses divers éléments, dont on donne le sens. Il existe trois éléments principaux :
– le radical (→ § C) ;
– le(s) préfixe(s) (→ § D) ;
– le(s) suffixe(s) (→ § D).

C Qu'est-ce que le radical ?

• C'est la partie essentielle du mot, qui indique à quelle idée il se réfère.

> *Im-buv-able* : le radical est *-buv-* qui indique que le mot a un rapport avec l'idée de boire.

• Un même radical donne en général naissance à plusieurs mots (→ Fiche 4).

> *Aquatique, aquarelle, aqueduc, aqueux, aquarium*... sont tous formés à partir du radical *aqua* (« eau », en latin).

D Qu'est-ce qu'un préfixe ? un suffixe ?

• Le préfixe est un élément qui se place devant un mot ou un radical pour former un nouveau mot et qui en modifie le sens.

vie → sur-vie ; marché → hyper-marché

• Le suffixe est un élément qui se place après un mot ou un radical pour former un nouveau mot et qui en modifie le sens.

blond → blond-asse ; chambre → chambr-ette ; buv → buv-able

Certains suffixes servent à former certaines natures de mots.

Le suffixe *-ment* peut servir à former des adverbes :
furieux → furieusement.

Le suffixe *-iser* peut servir à former des verbes :
ridicule → ridiculiser.

ATTENTION

• Il ne faut pas voir de préfixe là où il n'y en a pas.

Impératrice n'est pas formé de *im-* + *pératrice* ;
perdu n'est pas formé de *per-* + *du.*

• Quelques mots formés avec un préfixe prennent un trait d'union.

vice-président ; post-natal

• Beaucoup de mots comportent à la fois un préfixe et un suffixe.

dés-habill-er ; in-termin-able

Quelques mots peuvent même comporter plusieurs préfixes et plusieurs suffixes.

Prenons l'exemple du mot *ininflammabilité.*

in-	-in-	**-flamm-**	-abili-	-té
préf. de sens négatif	préf. = « dans »	radical	suffixe = « que l'on peut »	suff. pour former un nom

LES FAMILLES DE MOTS

Les questions types du brevet

- À quelle famille de mots appartient le mot « ... » ?
- Indiquez un verbe, un adverbe et un adjectif qualificatif de la même famille que le mot « … ». ou : Donnez des mots de la même famille que le mot « … ».
- Quel est le radical du mot « ... » ? Trouvez un autre mot de la même famille.
- Pour justifier l'orthographe du mot « ... », précisez à quelle famille de mots il appartient.

Les notions que vous devez connaître

A Qu'est-ce qu'une famille de mots ?

Une famille de mots rassemble des mots formés sur un même radical.

• La plupart sont des mots dérivés, c'est-à-dire composés du radical auquel s'ajoutent un préfixe et/ou un suffixe (→ Fiche 3).

Famille du mot *venir* : *revenir, prévenir, prévention, préventif, advenir, contrevenir, contravention*, etc.

• Une famille de mots peut aussi comporter des mots composés, c'est-à-dire des mots qui associent :
– deux mots existants ;

chou-fleur ; coupe-faim

– un mot et un radical d'origine grecque ou latine.

chronomètre : *chrono* (en grec, « temps ») + *mètre*

Remarque : Une famille de mots comporte des mots de classes grammaticales variées (→ Fiche 9).

Famille du mot *désert* : *déserter* (verbe), *désertique* (adj.), *désertification* (nom), etc.

B À quoi sert de connaître la famille d'un mot ?

Connaître la famille d'un mot permet :
– d'expliquer un mot, de mieux en comprendre le sens ;

Aquatique veut dire qui a rapport avec l'eau.

– de mieux savoir l'orthographier.

Déshabiller est de la famille d'*habit* ; de là, le *h* muet au milieu du mot.
Démentir est de la famille de *mentir* ; de là, la graphie *en* pour former le son [ã].

ATTENTION

- Un même radical peut présenter différentes formes en fonction de son étymologie (→ Fiche 3).

Dans la famille du mot *homme*, on a : *hommasse* (radical *homm-*), mais aussi *humain, humanité, déshumaniser* (radical *huma[n]-*).
Dans la famille du mot *cou*, on a : [illegible] (radical [illegible]) mais aussi *collerette* (radical *col*).

- Il ne faut pas confondre synonymes et famille de mots !
Les synonymes ont un sens proche mais n'ont pas, en général, le même radical.

Sévère et *strict* sont synonymes.

Les mots de la même famille ont le même radical, mais n'ont pas, en général, le même sens.

Buvable et *imbuvable* sont de la même famille (radical *-buv-*, boire), mais ont un sens contraire ; ce sont des antonymes (→ Fiche 6).

LE CHAMP LEXICAL

Les questions types du brevet

- Quel est le champ lexical dominant dans le texte ?
- À quel champ lexical appartiennent les mots « ... » ?
- Relevez des mots ou expressions appartenant au champ lexical de « ... ».

Les notions que vous devez connaître

A Qu'est-ce qu'un champ lexical ?

• C'est l'ensemble des mots qui se rapportent à un même thème, un même domaine, une même notion.

> Champ lexical de la montagne : *vallée, pic, sommet, col, montée, neige, forêt, torrent,* etc.

• Dans un texte, un champ lexical forme un réseau de mots qui participe à son unité.

> « [...] la *réserve* prussienne paraît vers Saint-Lambert à six heures du soir ; une nouvelle et furieuse *attaque* est donnée au village de la Haie Sainte ; Blücher survient avec des *troupes* fraîches, et isole du reste de nos *troupes* déjà rompues les *carrés de la garde* impériale. Autour de cette *phalange* immobile, le débordement des *fuyards* entraîne tout parmi des flots de poussière, de fumée ardente et de *mitraille* [...] »
>
> (F.-R. de Chateaubriand, *Mémoires d'outre-tombe*)
>
> [Les mots en italique relèvent du champ lexical de la guerre.]

B À quoi sert d'étudier un champ lexical dans un texte ?

• Cela sert :

– à repérer le thème principal ou les thèmes importants du texte ;

> Ainsi le texte de Chateaubriand cité ci-dessus a pour thème principal la guerre.

– à mettre en évidence les caractéristiques d'un personnage, d'un lieu ou d'un sentiment décrit ou analysé.

• Dans le cadre d'une rédaction, cela sert à définir précisément le thème du texte sur lequel prend appui le sujet donné.

ATTENTION

- Le mot *champ* s'écrit sans *s* au singulier ! Au pluriel on écrit *des champs lexicaux.*
- Un champ lexical peut comporter des mots de natures grammaticales variées (→ Fiche 9). Ces mots ne sont pas des synonymes (→ Fiche 6).

Champ lexical de l'eau : *mouiller* (verbe), *pluie* (nom), *humide* (adj.), *hydraulique* (adj.), etc.

- Un même texte peut comporter plusieurs champs lexicaux qui se combinent.

C'est un trou de verdure où chante une rivière
Accrochant follement aux herbes des haillons
D'argent ; où le soleil, de la montagne fière,
Luit : c'est un petit val qui mousse de rayons.

Un soldat jeune, bouche ouverte, tête nue,
Et la nuque baignant dans le frais cresson bleu,
Dort ; il est étendu dans l'herbe, sous la nue,
Pâle dans son lit vert où la lumière pleut. […]

(A. Rimbaud, « Le dormeur du val »)

Champ lexical de la nature
Champ lexical de la lumière
Champ lexical du corps
Champ lexical de la vitalité

- Les quatre champs lexicaux se combinent et donnent l'impression que le jeune soldat est en parfaite harmonie avec une nature généreuse et riante. La fin du poème révèle que le soldat est mort, ce qui donne un tout autre éclairage à ces deux strophes.

C Un conseil pour les travaux d'écriture

Avant de commencer à rédiger, constituez-vous une « réserve » de mots qui tournent autour du thème principal du sujet à traiter : ils vous éviteront des répétitions et enrichiront votre travail d'écriture.

Sujet : *Vous avez eu un jour une très grande peur. Racontez.*
Vous pouvez constituer une réserve de mots qui appartiennent au champ lexical de la peur : *panique, effroi, terrorisé, effrayer, effrayant, terrifiant, anxieusement, s'angoisser, trembler, frissonner, palpitations, sueur froide, tressaillir, être pétrifié…*